Walny Vianna

DIREITOS HUMANOS E CIDADANIA

ENSINO FUNDAMENTAL

VOLUME 2

1ª edição
2011

Direitos Humanos e Cidadania.
© Walny Vianna, 2011.
É proibida a reprodução, mesmo parcial por qualquer processo eletrônico,
reprográfico etc., sem autorização, por escrito, do autor e da editora.

Dados para Catalogação
Bibliotecária responsável: Luciane Magalhães Melo Novinski
CRB 1253/9 – Curitiba, PR.

Vianna, Walny.

Direitos humanos e cidadania : 2º ano, ensino fundamental / Walny Vianna ; ilustrações Cide Gomes. — Curitiba : Base Editorial, 2011.
96 p. : il. ; 28 cm. – (Coleção dhc ; v. 2)

ISBN: 978-85-7905-492-1

1. Direitos humanos e cidadania (Ensino fundamental) – Estudo e ensino. I. Título. II. Série.

CDD (22ª ed.) 304.2

Direção geral
Base Editorial
Supervisão editorial
Marcos V. Lobo Leomil
Coordenação pedagógica
Grenilza M. Lis Zabot
Revisão
Maria Helena Ribas Benedet
Apoio técnico
Mirian Nazareth Fonseca
Valquiria Salviato Guariente
Iconografia
Ana Cláudia Dias
Projeto gráfico e ilustrações
Cide Gomes

Base Editorial Ltda.
Rua Antônio Martin de Araújo, 343 | Jardim Botânico
CEP 80210-050 | Curitiba/PR
Tel.: 41 3264-4114 | Fax: 41 3264-8471
baseeditora@baseeditora.com.br | www.baseeditora.com.br

CTP, Impressão e Acabamento IBEP Gráfica

APRESENTAÇÃO

Professor

Qualidade de vida, saúde, segurança, valores humanos, diversidade cultural são alguns dos temas abordados nesta coleção. Pretende-se, com ela, contribuir para o desenvolvimento, nos alunos, de atitudes favoráveis ao convívio social, à solidariedade, ao respeito à diferença, à preservação do meio ambiente...

Voltada para alunos do 1º ao 5º ano do Ensino Fundamental, incentiva a reflexão, o pensamento crítico e a análise de situações do cotidiano.

Esperamos, com ela, colaborar com seu trabalho de formação de pessoas.

A Autora.

ÍCONES

O CONTEÚDO DE CADA PÁGINA É IDENTIFICADO PELO ÍCONE COLORIDO INSERIDO NO RODAPÉ.

 ÉTICA E CIDADANIA

 DIVERSIDADE RACIAL

 EDUCAÇÃO AMBIENTAL

 SAÚDE E PREVENÇÃO

 TRÂNSITO E SEGURANÇA

SUMÁRIO

UNIDADE 1	APRENDENDO A OBSERVAR	6
UNIDADE 2	APRENDENDO SOBRE AMIZADE	22
UNIDADE 3	APRENDENDO A RESPEITAR	32
UNIDADE 4	APRENDENDO A TER RESPONSABILIDADE	44
UNIDADE 5	APRENDENDO A CUIDAR	55
UNIDADE 6	APRENDENDO A CONVIVER	81

UNIDADE 1 — APRENDENDO A OBSERVAR

A CURIOSIDADE NOS LEVA A OBSERVAR MELHOR TUDO O QUE NOS CERCA.

VOCÊ É CURIOSO?

ESTÁ SEMPRE FAZENDO PERGUNTAS SOBRE TODAS AS COISAS?
QUE PERGUNTAS VOCÊ GOSTARIA DE FAZER? COM A AJUDA DO PROFESSOR, REGISTRE SUAS PERGUNTAS NOS BALÕES DE PENSAMENTOS.

A TAREFA AGORA É ENCONTRAR RESPOSTAS PARA ESSAS PERGUNTAS.
COMO?
VOCÊ PODERÁ CONVERSAR, DISCUTIR, TROCAR INFORMAÇÕES COM OUTRAS PESSOAS. VOCÊ PODERÁ TAMBÉM BUSCAR INFORMAÇÕES EM DIFERENTES MATERIAIS.

APRENDENDO A OBSERVAR

VAMOS COMEÇAR A OBSERVAR PESSOAS. AS PESSOAS SÃO DIFERENTES. OBSERVE COM ATENÇÃO A IMAGEM A SEGUIR.

QUANTAS PESSOAS VOCÊ VÊ?

___

QUANTOS SÃO HOMENS?

___

QUANTAS SÃO MULHERES?

___

QUANTAS PESSOAS TÊM CABELOS ESCUROS? E QUANTAS TÊM CABELOS CLAROS?

___

QUANTAS PESSOAS SÃO IDOSAS?

___

QUANTAS SÃO CRIANÇAS?

___

ALGUMA SE PARECE COM VOCÊ?

___

ALGUÉM SE PARECE COM UMA PESSOA DE SUA FAMÍLIA? COM QUEM? EM QUÊ?

___

FIQUE FRENTE A FRENTE COM UM COLEGA E OBSERVE:

EM QUE VOCÊS SÃO PARECIDOS?
_____

EM QUE SÃO DIFERENTES?
_____

QUAL É A COR DOS SEUS CABELOS?
_____

E A COR DOS CABELOS DO SEU COLEGA?
_____

QUAL A COR DOS SEUS OLHOS?
_____

E A COR DOS OLHOS DO SEU COLEGA?
_____

 **APRENDENDO MAIS**

TODOS OS DIAS, CONVIVEMOS COM PESSOAS MUITO DIFERENTES DE NÓS.

 OS NOSSOS AVÓS SÃO IDOSOS.

 VOCÊ E SEUS COLEGAS SÃO CRIANÇAS.

 ALGUMAS PESSOAS SÃO DE ORIGEM DIFERENTE DA NOSSA.

 OUTRAS SÃO DE CRENÇAS DIFERENTES.

 ALGUNS HOMENS PERDEM OS CABELOS E FICAM CARECAS.

 OUTROS SÃO MUITO ALTOS E OUTROS, AINDA, MUITO BAIXOS.

 HÁ PESSOAS GORDAS E PESSOAS MAGRAS.

 ALGUMAS DEPENDEM DE CADEIRA DE RODAS OU BENGALAS PARA SE LOCOMOVER.

APLICANDO OS CONHECIMENTOS

VOCÊ CONHECE O JOGO DAS DIFERENÇAS? NO QUADRO 2, HÁ DIFERENÇAS EM RELAÇÃO AO QUADRO 1. ACHE PELO MENOS 7.

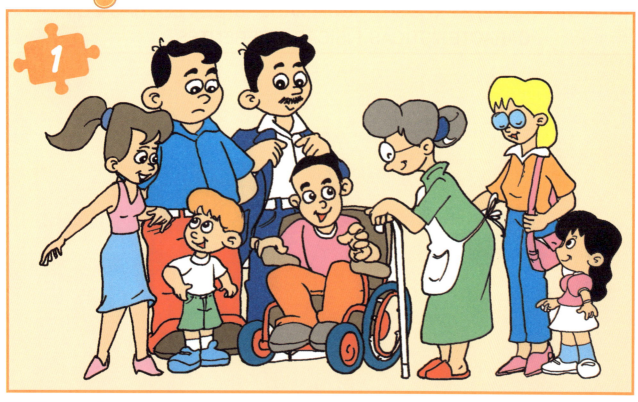

PRATICANDO

QUANDO FOLHEAMOS REVISTAS, PODEMOS ENCONTRAR IMAGENS DE PESSOAS DIFERENTES. RECORTE E COLE AQUI IMAGENS DE PESSOAS COM CARACTERÍSTICAS FÍSICAS DIFERENTES.

APRENDENDO MAIS

NOSSO PLANETA É MUITO GRANDE. NELE EXISTEM MUITOS LUGARES DIFERENTES. E NESSES LUGARES, EXISTEM PESSOAS DIFERENTES.

VOCÊ CONHECE ALGUÉM QUE VEIO DE LUGARES DISTANTES DAQUELE ONDE VOCÊ MORA? QUEM É? DE ONDE VEIO? REGISTRE A SEGUIR. PEÇA AJUDA, SE PRECISAR.

SEU PROFESSOR VAI CONTAR COMO NOSSO PAÍS FOI ENCONTRADO POR HOMENS VINDOS DE UM LUGAR MUITO DISTANTE. DEPOIS VOCÊ IRÁ ESCREVER O NOME DO LUGAR DE ONDE VIERAM ESSAS PESSOAS.

PEREIRA, Oscar. **Desembarque de Cabral em Porto Seguro**. 1922. Óleo sobre tela, 190 cm x 333 cm. Museu Paulista (SP).

ELES VIERAM DE UM PAÍS CHAMADO...

COM AJUDA DE SEU PROFESSOR, LOCALIZE ESSE PAÍS EM UM MAPA-MÚNDI. ELE É PERTO OU LONGE DO BRASIL?

AS IMAGENS ABAIXO MOSTRAM PESSOAS QUE MORAM EM DIFERENTES LUGARES. SEU MODO DE VIVER, DE VESTIR, DE SE ALIMENTAR TAMBÉM SÃO DIFERENTES.

SABEM POR QUÊ?

PORQUE, EM CADA LUGAR DO MUNDO, AS PESSOAS TÊM CARACTERÍSTICAS, COSTUMES E MODO DE VIDA QUE NÃO SÃO OS MESMOS DE OUTROS LUGARES.

O QUE MAIS CHAMOU SUA ATENÇÃO NESSAS IMAGENS? REGISTRE.

_____
_____
_____
_____

QUAL DESSAS CRIANÇAS MAIS SE PARECE COM VOCÊ?

_____

ESCREVA O NOME DO LUGAR ONDE ELA MORA:

_____
_____

INDAGANDO

ESSA É ASEYE.

ASEYE RENATE É SEU NOME. ELA TEM 7 ANOS E VIVE COM SUA FAMÍLIA EM UMA CIDADE MOVIMENTADA NO PAÍS DE GANA, NA ÁFRICA.

SEU NOME QUER DIZER "ALEGRE-SE". ELA QUER QUE O MUNDO SEJA UM POUCO MAIS LIMPO.

COMO VOCÊ, EXISTEM MUITAS COISAS QUE ASEYE DESEJA E OUTRAS QUE ELA GOSTARIA DE FAZER. ELA TAMBÉM GOSTA MUITO DE BRINCAR.

OUÇA COM ATENÇÃO

MUITAS PERGUNTAS SURGEM SOBRE AS PESSOAS, SOBRE OS LUGARES ONDE MORAM, SOBRE SUA VIDA, BRINCADEIRAS PREFERIDAS, SOBRE SUA ESCOLA, SUA FAMÍLIA, ENTRE OUTRAS.

SEU PROFESSOR IRÁ CONTAR UM POUCO SOBRE A VIDA DE ASEYE.

PRATICANDO

OBSERVE BEM E PROCURE SEMELHANÇAS E DIFERENÇAS ENTRE ASEYE E VOCÊ. DEPOIS ESCREVA UMA PERGUNTA QUE GOSTARIA DE FAZER A ELA.

CONHECENDO MAIS

CRIANÇAS DE OUTROS LUGARES DO PLANETA!
NAS DIFERENÇAS, ENCONTRAMOS SEMELHANÇAS.

PREENCHA OS QUADROS, INDICANDO:
- EM QUE ESSA CRIANÇA SE PARECE COM VOCÊ?
- EM QUE ELA É DIFERENTE DE VOCÊ?

ELE VIVE NO CANADÁ.
ELE É UM ESQUIMÓ.

ESSE É LEVI.

SEMELHANÇAS:

DIFERENÇAS:

ELE VIVE NA AMAZÔNIA. SEU NOME SIGNIFICA: AMIGO DOS PAPAGAIOS.

ESSE É ARARÊ.

SEMELHANÇAS:

DIFERENÇAS:

 QUE NO LUGAR ONDE **ARARÊ** VIVE, EXISTE UMA PLANTA, DE FOLHAS VERDE-ESCURO, QUE BOIA SOBRE AS ÁGUAS?

É A **VITÓRIA-AMAZÔNICA**, UMA PLANTA AQUÁTICA ENCONTRADA NA REGIÃO AMAZÔNICA.

SUAS FOLHAS SÃO GRANDES E TÊM FORMATO CIRCULAR, COM BORDAS DOBRADAS, FORMANDO UMA ESPÉCIE DE BACIA OU DE UM GRANDE PRATO.

AS FOLHAS DA VITÓRIA-AMAZÔNICA SÃO TÃO RESISTENTES QUE CONSEGUEM SUPORTAR O PESO DE UMA CRIANÇA PEQUENA SEM AFUNDAR NA ÁGUA. INCRÍVEL, NÃO?

AS FLORES DA VITÓRIA-AMAZÔNICA ABREM-SE À NOITE. POR ISSO, OS ÍNDIOS A COMPARAM À LUA E ÀS ESTRELAS.

ARARÊ ESTÁ PREOCUPADO EM PRESERVAR ESSA ESPÉCIE VEGETAL PARA QUE ELA NUNCA DEIXE DE EXISTIR.

 **APRENDENDO MAIS**

TODOS OS POVOS DO MUNDO TÊM HISTÓRIAS PARA CONTAR SOBRE SUAS ORIGENS.

ARARÊ E SEU POVO INDÍGENA, QUE JÁ MORAVAM EM NOSSO PAÍS MUITO ANTES DE OS EUROPEUS CHEGAREM AQUI, TINHAM MUITAS HISTÓRIAS INTERESSANTES QUE ATÉ HOJE SÃO CONTADAS.

UMA DESSAS HISTÓRIAS É SOBRE A **VITÓRIA-AMAZÔNICA**. UMA LENDA INDÍGENA QUE EXPLICA COMO ESSA PLANTA SURGIU. VOCÊ SABE O QUE É UMA LENDA?

A LENDA DIZ ASSIM...

ELES CONTAM QUE, HÁ MUITO TEMPO, VIVIA NA AMAZÔNIA UMA INDIAZINHA QUE QUERIA SE TRANSFORMAR EM UMA ESTRELA. À NOITE, ELA COSTUMAVA OLHAR PARA O CÉU PARA ADMIRAR AS ESTRELAS. ELA PENSAVA QUE A LUA PODERIA VIR BUSCÁ-LA NA TERRA E LEVÁ-LA PARA O CÉU.

UMA NOITE, A LINDA INDIAZINHA DEBRUÇOU-SE NA MARGEM DO RIO, ONDE A LUA CHEIA ESTAVA REFLETIDA. ELA FICOU HIPNOTIZADA PELA IMAGEM DA LUA, CAIU NO RIO E DESAPARECEU DENTRO DAS ÁGUAS.

A LUA ENTÃO A TRANSFORMOU EM UMA VITÓRIA-AMAZÔNICA. POR ISSO, A FLOR DA VITÓRIA-AMAZÔNICA É CHAMADA DE "ESTRELA DAS ÁGUAS".

PRATICANDO

AS PESSOAS SEMPRE TÊM HISTÓRIAS PARA CONTAR.

A HISTÓRIA DE CADA UM SE MISTURA COM A HISTÓRIA DE SUA FAMÍLIA. AS HISTÓRIAS DAS FAMÍLIAS SE MISTURAM COM AS HISTÓRIAS DE OUTRAS FAMÍLIAS. SÃO MUITAS HISTÓRIAS COM MUITAS SEMELHANÇAS E MUITAS DIFERENÇAS.

PERGUNTE AOS SEUS PAIS OU AVÓS SOBRE AS HISTÓRIAS DE SUA FAMÍLIA. CONTE, PARA OS COLEGAS, A HISTÓRIA QUE OUVIU. VOCÊ PODE ESCREVER OU DESENHAR.

AGORA, COMPLETE O QUADRO COM INFORMAÇÕES SOBRE A PESSOA QUE LHE CONTOU A HISTÓRIA.

	PAIS	AVÓS
QUAL O LUGAR DE ORIGEM?		
VIVIAM NO CAMPO OU NA CIDADE?		
QUAL O TIPO DE MORADIA?		
QUE TRABALHO REALIZAVAM?		

OBSERVE AS PESSOAS DE SUA FAMÍLIA E DEPOIS DESENHE-AS NO ESPAÇO A SEGUIR.

MOSTRE SEU DESENHO PARA OS COLEGAS E APRESENTE SUA FAMÍLIA A ELES.

COM QUAL PESSOA DE SUA FAMÍLIA VOCÊ MAIS SE PARECE?

_____

APRENDENDO MAIS

COMO É BOM TER AMIGOS!

AO FREQUENTAR A ESCOLA, TEMOS A OPORTUNIDADE DE CONHECER NOVAS PESSOAS E FAZER NOVAS AMIZADES. OS AMIGOS ESTÃO ENTRE AS MELHORES COISAS DA VIDA.

CADA UM DE NÓS TEM UM JEITO DE SER...

DE VESTIR...

DE ANDAR...

DE FALAR.

PARA QUE POSSAMOS VIVER BEM EM GRUPO, PRECISAMOS RESPEITAR AS PESSOAS DO JEITO QUE ELAS SÃO.

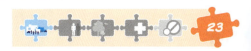

APRENDENDO MAIS

OS MOMENTOS MAIS DIVERTIDOS ENTRE AMIGOS NA ESCOLA SÃO AS BRINCADEIRAS, QUE SÃO MUITAS E MUDAM DE ÉPOCA PARA ÉPOCA.

DO QUE VOCÊ E SEUS AMIGOS GOSTAM DE BRINCAR?

NO QUADRO A SEGUIR, REGISTRE AS BRINCADEIRAS PREFERIDAS DE SEUS AMIGOS.

BRINCADEIRAS PREFERIDAS PELOS MENINOS

BRINCADEIRAS PREFERIDAS PELAS MENINAS

BRINCADEIRAS PREFERIDAS POR AMBOS OS SEXOS

DEVEMOS CULTIVAR A AMIZADE.
AMIGOS PRECISAM SE AJUDAR MUTUAMENTE SEM ESPERAR VANTAGENS OU RECOMPENSAS.

JUNTO COM O PROFESSOR, VOCÊ IRÁ LER UMA HISTÓRIA QUE FALA DE AMIZADE:

CERTO DIA, UM LEÃO ESTAVA DORMINDO AO SOL. ACORDOU AO SENTIR QUE ALGUMA COISA LHE FAZIA CÓCEGAS NA PATA.

OLHOU PARA BAIXO E VIU UM RATO. JÁ HAVIA ERGUIDO A PATA PARA ESMAGÁ-LO, QUANDO O RATINHO EXCLAMOU:

"NÃO ME MATE! QUEM SABE UM DIA EU AINDA PODEREI AJUDÁ-LO".

O LEÃO ACHOU GRAÇA, MAS COMO ESTAVA DE BOM HUMOR DEIXOU O RATINHO PARTIR.

ALGUM TEMPO DEPOIS, PRESO NA REDE DE UM CAÇADOR, O LEÃO URRAVA DE DESESPERO, QUANDO SURGIU O RATINHO.

RÁPIDO E ATIVO, ELE LOGO COMEÇOU A ROER AS CORDAS DA REDE, ATÉ QUE O LEÃO SE VIU LIVRE DA ARMADILHA.

APLICANDO OS CONHECIMENTOS

O QUE ESSA FÁBULA NOS CONTA?
O QUE ELA NOS ENSINA?
COMO VOCÊ MOSTRARIA AMIZADE POR UM ANIMAL PRESO NUMA REDE, NUMA GAIOLA, NUMA ARMADILHA?

DESENHE O QUE VOCÊ FARIA PARA DEVOLVER A LIBERDADE A UM ANIMAL APRISIONADO.

NUMA AMIZADE, DEVE EXISTIR **RESPEITO**.
ALGUMAS **ATITUDES** MUITO SIMPLES AJUDAM MUITO.

- ESPERAR A VEZ DE FALAR.
- SABER OUVIR.
- NÃO BATER A PORTA OU O TELEFONE.
- SER EDUCADO.
- FALAR SEMPRE A VERDADE.
- NÃO DIZER PALAVRÕES.
- SABER AGRADECER.
- PEDIR DESCULPAS QUANDO NECESSÁRIO.
- SORRIR, SIMPLESMENTE SORRIR...

CONVERSANDO

NA ESCOLA, EXISTEM ALGUMAS REGRAS QUE DEVEM SER RESPEITADAS.

EM SUA TURMA, EXISTEM REGRAS QUE DEVEM SER OBEDECIDAS POR TODOS?
POR QUE ESSAS REGRAS FORAM ESTABELECIDAS?
DE QUE FORMA ELAS CONTRIBUEM PARA A ORGANIZAÇÃO DA SALA DE AULA? E PARA A MELHOR CONVIVÊNCIA ENTRE ALUNOS E PROFESSORES?

ESCREVA AQUI UMA REGRA QUE CONTRIBUI PARA A MELHOR CONVIVÊNCIA ENTRE ALUNOS E PROFESSORES.

PENSANDO SOBRE REGRAS

VOCÊ JÁ IMAGINOU COMO SERIA O TRÂNSITO DE UMA CIDADE GRANDE SE NÃO HOUVESSE SEMÁFOROS?

PARA QUE TUDO POSSA FUNCIONAR DIREITINHO, DEVEMOS SEGUIR REGRAS TANTO EM CASA, NA ESCOLA, COMO NO TRÂNSITO.

EM CASA.	NA ESCOLA.	NO TRÂNSITO.

O SEMÁFORO, OU FAROL, COMO É CONHECIDO EM ALGUNS LUGARES, AJUDA A MANTER A ORDEM NO TRÂNSITO.

APLICANDO OS CONHECIMENTOS

AO LADO DE CADA COR DO SEMÁFORO, INDIQUE A REGRA A SER SEGUIDA PELO MOTORISTA.

AS LUZES DOS SEMÁFOROS ACENDEM SEMPRE NA MESMA ORDEM: VERDE, AMARELO E VERMELHO, REPETINDO-SE A TODO INSTANTE.

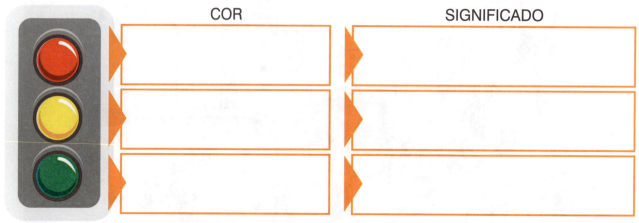

COR	SIGNIFICADO

NO VERDE, O MOTORISTA PODE PASSAR LIVREMENTE E O PEDESTRE DEVE PARAR.

NO AMARELO, É PRECISO ATENÇÃO! É UM AVISO DE QUE O SINAL FICARÁ VERMELHO.

O SINAL VERMELHO SIGNIFICA QUE O MOTORISTA DEVE PARAR E, NESSE MOMENTO, O PEDESTRE PODE PASSAR.

VOCÊ SABIA QUE EXISTE TAMBÉM O SEMÁFORO PARA OS PEDESTRES?

OS SEMÁFOROS PARA PEDESTRES TÊM UMA FIGURA DE UM HOMEM NAS CORES **VERMELHO**, INDICANDO QUE O PEDESTRE DEVE FICAR PARADO, E NA COR **VERDE**, INDICANDO O MOMENTO EM QUE O PEDESTRE PODE ATRAVESSAR.

VOCÊ SABIA...

EM ALGUMAS CIDADES, EXISTE UM SEMÁFORO ESPECIAL PARA PEDESTRES PORTADORES DE DEFICIÊNCIA VISUAL. ELE É SONORO E PRODUZ UM SOM QUE INDICA AO PEDESTRE O MOMENTO CERTO PARA ATRAVESSAR A RUA.

JUNTAMENTE COM SEUS COLEGAS E PROFESSOR, PREENCHAM O QUADRO A SEGUIR COM ALGUMAS ATITUDES QUE DEVEM SER TOMADAS EM RELAÇÃO AO TRÂNSITO.

PARAR DE FAZER	
COMEÇAR A FAZER	
CONTINUAR FAZENDO	

SER CIDADÃO É TER DIREITOS QUE DEVEM SER RESPEITADOS: DIREITO À VIDA, AO TRABALHO, À LIBERDADE, À IGUALDADE...

SER CIDADÃO É TAMBÉM RESPEITAR O OUTRO, O AMBIENTE, AS LEIS DE TRÂNSITO, AS DIFERENÇAS E PARTICIPAR DA VIDA EM SOCIEDADE.

SOMOS CIDADÃOS, VIVEMOS E CONVIVEMOS NA NOSSA CIDADE, NO NOSSO MUNICÍPIO.

É NO MUNICÍPIO QUE TUDO ACONTECE.

EDUCAÇÃO

SEGURANÇA

SAÚDE
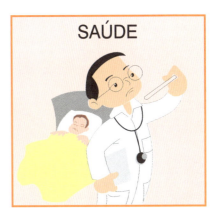

TRANSPORTE

COMÉRCIO

BEM-ESTAR SOCIAL

ESCREVA O NOME DO MUNICÍPIO ONDE VOCÊ VIVE.

SEU MUNICÍPIO É DIFERENTE DE OUTROS MUNICÍPIOS BRASILEIROS.

MOSTRE, POR MEIO DE UM DESENHO, DE UMA FOTOGRAFIA OU DE UMA IMAGEM, UM LOCAL QUE REPRESENTE SUA CIDADE.

NÃO SE ESQUEÇA DE ESCREVER O NOME DESSE LUGAR E EXPLICAR AOS COLEGAS POR QUE ELE REPRESENTA SUA CIDADE.

VOCÊ SABIA QUE A PREFEITURA É O ÓRGÃO GERENCIADOR RESPONSÁVEL PELA ADMINISTRAÇÃO DO MUNICÍPIO?

ESCREVA O NOME DO PREFEITO DO SEU MUNICÍPIO.

ELE É RESPONSÁVEL PELAS OBRAS E MELHORIAS DO SEU MUNICÍPIO.

DO BOM TRABALHO DAS PESSOAS RESULTA O SUCESSO DA COMUNIDADE E, CONSEQUENTEMENTE, DO MUNICÍPIO.

UM BOM ADMINISTRADOR É AQUELE QUE RECONHECE AS NECESSIDADES DA POPULAÇÃO E SABE ESCOLHER BONS ASSESSORES, QUE TRABALHEM PARA QUE O MUNICÍPIO PROSPERE.

DESCUBRA QUEM SÃO OS AJUDANTES DO PREFEITO DE SUA CIDADE. REGISTRE O NOME DE ALGUNS E INDIQUE SUAS FUNÇÕES.

NOME	RESPONSÁVEL POR:

 **PESQUISANDO**

NA SUA ESCOLA, TAMBÉM EXISTE UM ADMINISTRADOR.

ELE É O DIRETOR DA ESCOLA. SEUS ASSESSORES SÃO OS ORIENTADORES E OS COORDENADORES PEDAGÓGICOS. PREENCHA AS ETIQUETAS COM OS NOMES DESSAS PESSOAS:

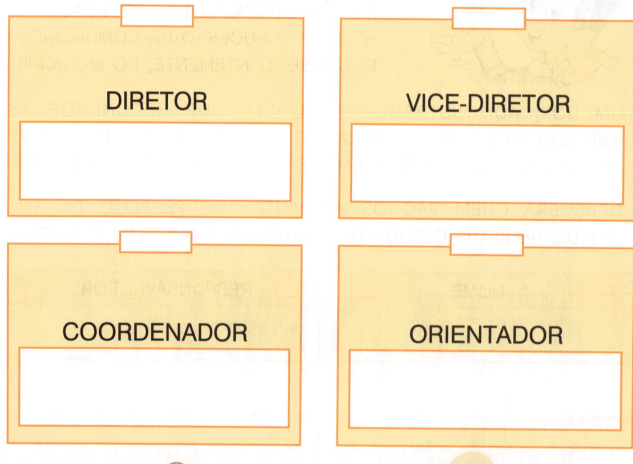

DIRETOR

VICE-DIRETOR

COORDENADOR

ORIENTADOR

 **AMPLIANDO CONHECIMENTOS**

RESPEITAR SIGNIFICA, ANTES DE TUDO, RECONHECER. RESPEITAR UMA PESSOA É RECONHECER QUE ELA EXISTE E ACEITÁ-LA COMO ELA É.

ESSE É **ALBERT SABIN**. UM GRANDE CIENTISTA QUE DESENVOLVEU UMA VACINA ORAL PARA COMBATER O **VÍRUS DA POLIOMIELITE**. É A CONHECIDA VACINA DAS **GOTINHAS**.
GRAÇAS A SUA DESCOBERTA, ESSA DOENÇA, TAMBÉM CONHECIDA COMO **PARALISIA INFANTIL**, PODE SER EVITADA.

POR ESSA GRANDE DESCOBERTA, DEVEMOS RESPEITAR ALBERT SABIN!

RESPEITO TAMBÉM QUER DIZER ATENÇÃO E CUIDADO.

A MANEIRA COMO NOSSOS PAIS E PROFESSORES CUIDAM DE NÓS DEMONSTRA QUE ELES NOS RESPEITAM.

APLICANDO OS CONHECIMENTOS

TAMBÉM RESPEITAMOS PESSOAS QUE NÃO CONHECEMOS, SOBRE AS QUAIS LEMOS ALGO OU VEMOS NOTÍCIAS NA TELEVISÃO. ADMIRAMOS ESSAS PESSOAS PELO QUE ELAS FAZEM DE IMPORTANTE.

RECORTE UMA FIGURA DE UMA PESSOA QUE FEZ ALGO IMPORTANTE E QUE VOCÊ ADMIROU E RESPEITOU E COLE NO ESPAÇO A SEGUIR.

RESPEITO TAMBÉM SIGNIFICA OBEDECER ÀS REGRAS QUE NOS AJUDAM A CONVIVER UNS COM OS OUTROS.

POR ISSO, HÁ REGRAS NA ESCOLA, NAS RUAS, NO MUNICÍPIO, NO PAÍS.
HÁ REGRAS QUE DEVEM SER RESPEITADAS NOS DIFERENTES LUGARES ONDE A GENTE VIVE.

LEIA A SEGUIR ALGUMAS REGRAS QUE DEVEMOS OBEDECER:

NÃO ENTRAR COM ANIMAIS EM PADARIAS OU SUPERMERCADOS.

ATRAVESSAR A RUA SEMPRE NA FAIXA DE SEGURANÇA.

NÃO COMER NA BIBLIOTECA.

NÃO JOGAR LIXO NA RUA OU EM LOCAIS PÚBLICOS.

DISCUTINDO

CONVERSE COM OS COLEGAS E O PROFESSOR SOBRE ESSAS REGRAS.

- POR QUE ELAS SÃO IMPORTANTES?
- O QUE PODE ACONTECER QUANDO ELAS SÃO DESOBEDECIDAS?

 **PRATICANDO**

ESCOLHA UMA REGRA QUE VOCÊ CONSIDERA IMPORTANTE SEGUIRMOS PARA A BOA CONVIVÊNCIA NA ESCOLA. COM AJUDA DO PROFESSOR, ESCREVA ESSA REGRA NO MURAL A SEGUIR.

QUE PLACA PODERIA SER COLOCADA NO PARQUE PARA ALERTAR AS PESSOAS E EVITAR ESSE PROBLEMA?
CRIE UMA PLACA E COLE NO ESPAÇO INDICADO NA IMAGEM.

CONVIVENDO COM OUTRAS PESSOAS, APRENDEMOS A RESPEITÁ-LAS E A SERMOS RESPEITADOS.

MAS HÁ UMA FORMA DE RESPEITO MUITO IMPORTANTE QUE PRECISAMOS DESENVOLVER: O **AUTORRESPEITO**.

VOCÊ SABE O QUE SIGNIFICA? É O RESPEITO POR SI PRÓPRIO, É O ORGULHO PELO QUE SOMOS E PELO QUE FAZEMOS.

OBSERVE A IMAGEM A SEGUIR.

SOU UM BOMBEIRO. MEU TRABALHO É APAGAR INCÊNDIOS E AJUDAR PESSOAS EM PERIGO. TENHO MUITO ORGULHO DO QUE FAÇO E, POR ISSO, SOU RESPEITADO!

PRATICANDO

DESENHE VOCÊ FAZENDO UMA COISA QUE SAIBA FAZER BEM E QUE, POR ESSE MOTIVO, DEVA SER RESPEITADO.

ESSA OBRA DE ARTE, DE UM ARTISTA CHAMADO BERNARDO STROZZI, MOSTRA UM ANTIGO FILÓSOFO GREGO CHAMADO ERATÓSTENES ENSINANDO GEOGRAFIA A UM JOVEM ALUNO.

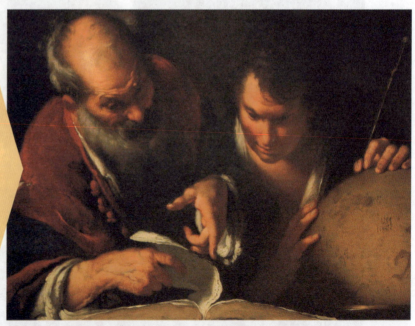

STROZZI, Bernardo. **Eratóstenes ensinando em Alexandria**. 1635. Óleo sobre tela. Montreal. Museum of Fine Arts (Canadá).

OS FILÓSOFOS SÃO SÁBIOS QUE REFLETEM SOBRE AS COISAS DO MUNDO E NOS LEVAM E ENSINAM A PENSAR.

MUITOS ENSINAMENTOS FILOSÓFICOS NOS FAZEM PENSAR QUE:

- OUVIR OS OUTROS;
- CONHECER OS LIMITES;
- ACEITAR ORIENTAÇÕES DOS MAIS EXPERIENTES...

SÃO FORMAS DE RESPEITO QUE DEVEM SER CULTIVADAS.

VAMOS APRENDER A NOS RESPEITAR?

"VOCÊ CUIDA DE SEU ANIMAL DE ESTIMAÇÃO? LEVA-O PARA PASSEAR?"

E QUANTO AOS SEUS BRINQUEDOS, VOCÊ OS GUARDA SEMPRE APÓS AS BRINCADEIRAS? AJUDA SUA MÃE A ARRUMAR SEU QUARTO?

CUIDAR DE SEU ANIMAL DE ESTIMAÇÃO E AJUDAR OS PAIS NA ARRUMAÇÃO DO LAR É DEMONSTRAR RESPONSABILIDADE.

RESPONSABILIDADE É UMA FORMA DE EXERCERMOS NOSSA CIDADANIA. SOMOS RESPONSÁVEIS POR NOSSAS AÇÕES.

CUIDAR DO AMBIENTE EM QUE VIVEMOS É, TAMBÉM, SER RESPONSÁVEL.

É IMPORTANTE TRATAR DA QUESTÃO DO LIXO. UM DOS MAIORES PROBLEMAS DO PLANETA TERRA É A PRODUÇÃO DE LIXO.

VOCÊ SABIA QUE, PRATICAMENTE, TUDO AQUILO QUE JOGAMOS FORA PODE SER REAPROVEITADO?

ISSO MESMO!

OS RESTOS DE ALIMENTOS, POR EXEMPLO, SÃO ADUBOS NATURAIS: QUANDO CASCAS, FOLHAS E OUTROS RESTOS DE ALIMENTOS SÃO ENTERRADOS, ELES SE DECOMPÕEM EM MATÉRIA ORGÂNICA E ALIMENTAM AS PLANTAS.

A MAIOR PARTE DO QUE JOGAMOS FORA NÃO É SUJO, FICA SUJO DEPOIS DE MISTURADO.

SEPARANDO OS MATERIAIS QUE PODEM SER RECICLADOS, ISTO É, REAPROVEITADOS, DIMINUÍMOS A QUANTIDADE DE LIXO.

É NOSSA A RESPONSABILIDADE DE SEPARAR O LIXO.

O PROCESSO DE RECICLAGEM COMEÇA EM CASA, COM A SEPARAÇÃO DO LIXO DOMÉSTICO DOS MATERIAIS RECICLÁVEIS, COMO O PAPEL, O PLÁSTICO, O METAL E O VIDRO.

SÍMBOLO

VOCÊ SABIA QUE EXISTEM SÍMBOLOS E/OU CORES PARA ORGANIZAR A SEPARAÇÃO DO LIXO?

COR: **AZUL**

MATERIAL: **PAPEL**

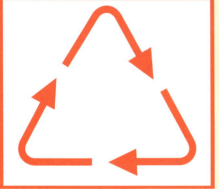

COR: **VERMELHO**

MATERIAL: **PLÁSTICO**

COR: **AMARELO**

MATERIAL: **METAL**

COR: **VERDE**

MATERIAL: **VIDRO**

APLICANDO OS CONHECIMENTOS

SEPARAR CORRETAMENTE O LIXO É UM ATO DE RESPONSABILIDADE PELA NATUREZA.

VOCÊ JÁ APRENDEU SOBRE SEPARAÇÃO DO LIXO.
AGORA, É IMPORTANTE COLOCAR EM PRÁTICA NA SUA CASA.
OBSERVE AS CORES E OS SÍMBOLOS E MÃOS À OBRA!

AJUDE O GAROTO A COLOCAR CADA OBJETO NA LATA DE LIXO CORRETA.

DEVEMOS SER RESPONSÁVEIS TAMBÉM EM RELAÇÃO AOS ANIMAIS E À NATUREZA. A REALIDADE É MUITO TRISTE: O HOMEM É O ÚNICO SER VIVO QUE DESTRÓI O AMBIENTE EM QUE VIVE. ELE POLUI O AR, CONTAMINA A ÁGUA, DEVASTA FLORESTAS E MATA OS ANIMAIS SILVESTRES.

OLHEM SÓ QUANTOS DANOS SÃO CAUSADOS: A FUMAÇA DAS INDÚSTRIAS, DAS QUEIMADAS E DOS CARROS, OS ESGOTOS NÃO TRATADOS E O LIXO PROVOCAM A CONTAMINAÇÃO DAS ÁGUAS, DO SOLO E A MORTE DE MUITAS ESPÉCIES DE ANIMAIS E PLANTAS.

VOCÊ SABIA QUE NA FUMAÇA QUE SAI DAS CHAMINÉS DAS FÁBRICAS HÁ MUITOS PRODUTOS QUÍMICOS PERIGOSOS PARA A NOSSA SAÚDE?

CONHEÇA UM POUCO SOBRE ESSE PERIGO. NÃO SE ASSUSTE COM OS NOMES DOS **GASES POLUENTES**:

RESPIRAR **ÓXIDO DE ENXOFRE** PROVOCA TOSSE E PODE CAUSAR ASMA E BRONQUITE. NAS PESSOAS MAIS VELHAS, ELE PODE CAUSAR FALTA DE AR E ENFISEMA PULMONAR, UMA DOENÇA GRAVE.

O **ÓXIDO DE NITROGÊNIO** E OS **HIDROCARBONETOS** FAZEM OS OLHOS ARDER E DEIXAM AS PESSOAS COM MENOS RESISTÊNCIA. FICA MAIS FÁCIL FICAR GRIPADO OU TER UMA SINUSITE.

APLICANDO OS CONHECIMENTOS

VIU SÓ?
AGORA PROCURE OS NOMES DOS GASES:
**ÓXIDO DE ENXOFRE (SO),
ÓXIDO DE NITROGÊNIO (NO)
E HIDROCARBONETOS (HC)**
LANÇADOS PELAS CHAMINÉS DAS INDÚSTRIAS NO CAÇA-PALAVRAS A SEGUIR.

```
A B C D E F G H I J L M N O P Q R S T U V X Z
A Ó X I D O D E E N X O F R E Q A B C D E F O
A B C D E F G H I J L M N O P Q R S T U V X Z
A B C D E F G H I J L M N O P Q R S T U V X Z
Ó X I D O D E N I T R O G Ê N I O M N O P Q R
A B C D E F G H I J L M N O P Q R S T U V X Z
A B C D E F G H I J L M N O P Q R S T U V X Z
H I D R O C A R B O N E T O S H I J L M N O P
A B C D E F G H I J L M N O P Q R S T U V X Z
```

AGORA COPIE ESSES NOMES ESTRANHOS NAS PLACAS A SEGUIR.

51

APRENDENDO A PENSAR

VOCÊ JÁ OUVIU FALAR NO **CICLO DA VIDA**?

JÁ REPAROU QUE SEMPRE DEPOIS DO DIA VEM A NOITE?

QUE, DEPOIS DE UM PERÍODO DE FRIO, VEM UM PERÍODO DE CALOR?

QUE AS ÁRVORES SE ENCHEM DE FOLHAS E QUE DEPOIS ESSAS FOLHAS CAEM? E QUE NOVAMENTE AS ÁRVORES SE ENCHEM DE FOLHAS QUE TORNAM A CAIR?

QUE, QUANDO NASCEMOS, SOMOS BEM PEQUENOS E QUE, POUCO A POUCO, VAMOS CRESCENDO? E QUE ISSO ACONTECE COM TODAS AS PESSOAS?

VOCÊ JÁ REPAROU QUE A ÁGUA DEIXADA NUM RECIPIENTE ABERTO SE EVAPORA E VOLTA PARA A NATUREZA EM FORMA DE CHUVA?

LEIA O TEXTO ABAIXO JUNTO COM OS COLEGAS E O PROFESSOR. DEPOIS CONVERSE SOBRE ELE:

CICLO DA VIDA

AS PLANTAS SE ALIMENTAM DA LUZ DO SOL.

OS ANIMAIS HERBÍVOROS COMEM AS PLANTAS.

OS ANIMAIS CARNÍVOROS COMEM OUTROS ANIMAIS.

QUANDO MORREM, TODOS VOLTAM PARA A TERRA E TRANSFORMAM-SE EM NUTRIENTES.

ESSES NUTRIENTES ALIMENTAM AS PLANTAS.
E O CICLO COMEÇA DE NOVO.

VOCÊ OBSERVOU QUE NA NATUREZA EXISTE UM CICLO DE VIDA QUE ESTÁ EM PERFEITA HARMONIA, NÃO É MESMO?

APRENDENDO A PENSAR

AGORA VAMOS TRABALHAR NOSSO PENSAMENTO!

O QUE ACONTECE QUANDO ALGUÉM PÕE EM RISCO ESSA HARMONIA?

O QUE ACONTECE QUANDO ALGUÉM CAUSA ALGUM DANO À NATUREZA?

VOCÊ SABIA QUE UM FILME OU DESENHO ANIMADO É FEITO DE CENAS, QUADRO A QUADRO, QUE, QUANDO FILMADAS, FORMAM UMA HISTÓRIA?

VAMOS CRIAR UM FILMINHO COM CENAS QUE MOSTREM UM DANO QUE AS QUEIMADAS PODEM CAUSAR À NATUREZA.
AS QUEIMADAS, ALÉM DE POLUÍREM O AR, CAUSAM DANOS À SOBREVIVÊNCIA DAS NOSSAS FLORESTAS.
DEPOIS CONTE A HISTÓRIA PARA TODOS SEUS COLEGAS.

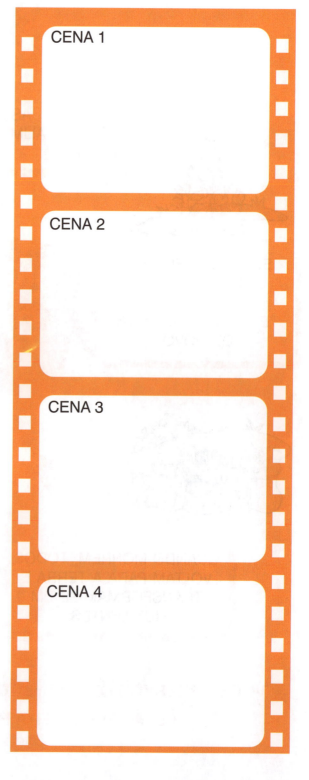

CENA 1

CENA 2

CENA 3

CENA 4

UNIDADE 5 — APRENDENDO A CUIDAR

REPOR ÁRVORES, REFLORESTAR, PROTEGER AS MATAS, ZELAR, CUIDAR DOS AMBIENTES QUE ESTÃO AO NOSSO REDOR SÃO ATITUDES QUE AJUDAM A PRESERVAR A NATUREZA.

VOCÊ JÁ PLANTOU E CUIDOU DE UMA ÁRVORE?
FAÇA ISSO: PLANTE UMA SEMENTE, CUIDE DELA E ACOMPANHE SEU CRESCIMENTO.
HÁ UM DITADO POPULAR QUE DIZ: **QUEM AMA CUIDA!**
E NÓS PODEMOS AMPLIAR O DITADO DIZENDO:

"QUEM CONHECE AMA. QUEM AMA CUIDA!"

AO SE OBSERVAR O CICLO DA VIDA, VEMOS OS PEQUENOS INSETOS, AS FORMIGAS TRABALHANDO EM CONJUNTO, A MARAVILHA QUE É A VIDA HUMANA OU ATÉ MESMO A IMENSIDÃO DO UNIVERSO.

O HOMEM, NESSE AMBIENTE TÃO INTERESSANTE E DIVERSIFICADO, COMEÇOU A AGIR. POR NECESSIDADE, PLANTOU, COLHEU, PRODUZIU O FOGO, FEZ ARTE, MÚSICA, DESENVOLVEU MEDICAMENTOS, CONSTRUIU CASAS, ENFIM, INTERAGIU COM A NATUREZA PARA SOBREVIVER.

O HOMEM É PARTE DESSA NATUREZA E PRECISA DELA PARA VIVER. MAS O PERIGO ESTÁ PERTO! O PLANETA ESTÁ SOFRENDO. DEVEMOS, URGENTEMENTE, BUSCAR O USO EQUILIBRADO DOS **RECURSOS AMBIENTAIS** PARA QUE TODOS OS POVOS E GERAÇÕES DO PLANETA POSSAM USUFRUIR, EM HARMONIA, DOS BENS OFERECIDOS PELA NATUREZA. VEJA O DESENHO A SEGUIR.

QUE RESPOSTAS VOCÊ DARIA A ESSAS PERGUNTAS? MOSTRE, ESCREVENDO OU DESENHANDO.

UMA NOTÍCIA BOA

O BRASIL TEM MUITA ÁGUA. É UM DOS PAÍSES QUE MAIS TEM ÁGUA DOCE. SÓ A BACIA AMAZÔNICA POSSUI UM SEXTO DA ÁGUA DOCE QUE CORRE NA TERRA.

UMA NOTÍCIA RUIM

MUITOS RIOS BRASILEIROS JÁ MORRERAM POR FALTA DE CUIDADO. FIQUE ATENTO!
SE QUISERMOS NOTÍCIAS BOAS DEVEMOS MUDAR NOSSOS HÁBITOS!

VOCÊ ESTÁ SUJANDO A ÁGUA DO MUNDO!
ASSIM ELA VAI ACABAR!

PARE, PENSE E DISCUTA

E SE A ÁGUA LIMPA ACABAR, O QUE SERÁ DA VIDA NO MUNDO?

É NECESSÁRIO, COM URGÊNCIA, UMA MUDANÇA NA MANEIRA DE USARMOS ESSE RECURSO NATURAL.

VOCÊ ESTÁ CUIDANDO DA ÁGUA DO MUNDO? ASSIM ELA PODERÁ DURAR PARA SEMPRE.

MOSTRE, COM DESENHOS, COMO VOCÊ PODE CUIDAR DA ÁGUA DO PLANETA.

OBSERVE ALGUMAS AÇÕES IMPORTANTES PARA AJUDAR A CUIDAR DA ÁGUA DO NOSSO PLANETA.
RECORTE E COLE FIGURAS PARA ILUSTRAR AS FRASES A SEGUIR.
PRIMEIRO VAMOS ACABAR COM O DESPERDÍCIO.

FECHAR BEM AS TORNEIRAS NÃO CUSTA NADA.

NÃO DEIXAR O CHUVEIRO LIGADO À TOA!

REGULAR AS DESCARGAS.

NÃO FICAR HORAS LAVANDO CALÇADA COM ÁGUA POTÁVEL.

DEVEMOS APRENDER QUE É MUITO IMPORTANTE MANTER AS NASCENTES, OS RIOS, AS LAGOAS E OS LAGOS LIMPOS E PROTEGIDOS.

A CAUSA DA MORTE DE MUITOS RIOS BRASILEIROS FOI O DESMATAMENTO EM SUAS NASCENTES. E OUTROS RIOS ESTÃO MORRENDO POR CAUSA DO ASSOREAMENTO DE SUAS MARGENS.

VOCÊ SABE O QUE QUER DIZER ASSOREAMENTO? VEJA A IMAGEM.

Rio Toropi – Erosão e assoreamento causados por desmatamento da mata ciliar. Mata (RS).

ASSOREAMENTO É UMA PALAVRA DIFÍCIL. MAIS DIFÍCIL AINDA É O CUIDADO QUE DEVEMOS TER PARA QUE ISSO NÃO ACONTEÇA NOS RIOS.

AS RAÍZES DAS ÁRVORES SEGURAM A TERRA DAS MARGENS DOS RIOS. QUANDO A TERRA FICA SEM ESSAS RAÍZES, ELA É ARRASTADA PARA DENTRO DO RIO DURANTE AS CHUVAS, O QUE DIFICULTA E, ÀS VEZES, ATÉ IMPEDE A PASSAGEM DA ÁGUA. ISSO É ASSOREAMENTO.

O LIXO JOGADO NOS RIOS CAUSA TAMBÉM O ASSOREAMENTO, POIS COM O LIXO NO FUNDO, O RIO FICA MUITO RASO, E AÍ OCORREM AS ENCHENTES.

VOCÊ JÁ PRESENCIOU UMA ENCHENTE? CONTE PARA SEUS COLEGAS COMO FOI.

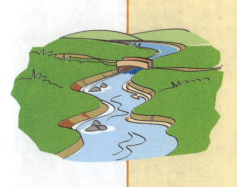

AS AUTORIDADES, OS PROPRIETÁRIOS, OS MORADORES DAS ZONAS ONDE OS RIOS NASCEM DEVEM TRATAR DE REFLORESTAR AS NASCENTES, DE RECOMPOR AS MARGENS DOS RIOS, DE MANTÊ-LOS O MAIS LIMPO POSSÍVEL, E DE NÃO DESTRUIR MAIS A VEGETAÇÃO RIBEIRINHA QUE OS PROTEGE.

 PENSE NO SIGNIFICADO DA FRASE A SEGUIR.

É MUITO IMPORTANTE QUE TODAS AS PESSOAS TOMEM CONSCIÊNCIA DA IMPORTÂNCIA DE PLANTAR ÁRVORES E CUIDAR DELAS.

ENCONTRE UMA FIGURA E COLE DE FORMA A ILUSTRAR A FRASE:

AS ÁRVORES DEPENDEM DOS RIOS; OS RIOS DEPENDEM DAS ÁRVORES.

 **AMPLIANDO CONHECIMENTOS**

MUITAS CAMPANHAS VÊM ACONTECENDO PARA CUIDAR DA ÁGUA DO PLANETA. OBSERVE ATENTAMENTE ESSA.

SÓ JOGUE NA ÁGUA O QUE O PEIXE PODE COMER!

O QUE VOCÊ ACHOU DA FRASE DESSA CAMPANHA? REGISTRE O QUE VOCÊ PODERIA JOGAR NA ÁGUA.

PRATICANDO

O DIA MUNDIAL DA ÁGUA FOI CRIADO PELA **ONU** (ORGANIZAÇÃO DAS NAÇÕES UNIDAS) NO DIA 22 DE MARÇO DE 1992. EM TODOS OS ANOS, ESSE DIA É DESTINADO À DISCUSSÃO SOBRE OS DIVERSOS TEMAS RELACIONADOS A ESTE IMPORTANTE BEM NATURAL. OBSERVE AS IMAGENS ABAIXO:

ESSAS IMAGENS QUEREM NOS DIZER ALGUMA COISA?

___
___
___
___
___

1 CONVERSE COM SEUS COLEGAS SOBRE O QUE ESSAS IMAGENS ESTÃO MOSTRANDO E O QUE DEVEMOS FAZER PARA QUE ISSO NÃO OCORRA.

2 DEPOIS ELABORE UM CARTAZ SOBRE OS CUIDADOS QUE DEVEMOS TER COM A ÁGUA. EXPONHA-O NO MURAL DE SUA ESCOLA.

O PERIGO DAS ENCHENTES!
OBSERVE COM ATENÇÃO CADA
UMA DAS IMAGENS ABAIXO:

DEPOIS, COM OS COLEGAS E PROFESSOR, CONVERSE SOBRE OS PERIGOS DAS INUNDAÇÕES.

COM AJUDA DO PROFESSOR, REGISTRE A SEGUIR EXEMPLOS DE PROBLEMAS CAUSADOS PELAS INUNDAÇÕES PARA:

PESSOAS	RESIDÊNCIAS
RUAS E ESTRADAS	TRÂNSITO

AS INUNDAÇÕES PROVOCAM MUITOS ACIDENTES, COMO: AFOGAMENTOS, LESÕES CORPORAIS E CHOQUES ELÉTRICOS. DEIXAM MUITAS PESSOAS DESABRIGADAS. E DEPOIS QUE AS ÁGUAS BAIXAM, O PERIGO CONTINUA, POIS EXISTE O RISCO DE CONTAMINAÇÃO E DE DOENÇAS.
POR ISSO:

É PRECISO LAVAR E DESINFETAR O CHÃO, AS PAREDES, OS OBJETOS E ROUPAS COM ÁGUA SANITÁRIA.

É PRECISO FICAR ATENTO, POIS RATOS, MOSQUITOS E ANIMAIS PEÇONHENTOS COMO ARANHAS, ESCORPIÕES E COBRAS APARECEM APÓS AS INUNDAÇÕES.

IMPORTANTE!

A MAIORIA DAS DOENÇAS OCORRE DEVIDO À INGESTÃO DE ÁGUA CONTAMINADA OU PELO SIMPLES CONTATO COM ESSA ÁGUA.

CONHECER PARA PREVENIR!

ESSAS SÃO ALGUMAS DOENÇAS QUE PODEM CHEGAR COM AS INUNDAÇÕES...

A **LEPTOSPIROSE** É CAUSADA E TRANSMITIDA PRINCIPALMENTE PELA URINA DE RATOS. A BACTÉRIA SE REPRODUZ NA ÁGUA E EM SOLOS ÚMIDOS E PENETRA NA PELE DOS SERES HUMANOS QUANDO ESTES ENTRAM EM CONTATO COM A ÁGUA OU COM A LAMA CONTAMINADA DAS ENCHENTES.

AS **HEPATITES A** E **E** SÃO TRANSMITIDAS POR UM VÍRUS QUE FICA NA ÁGUA, EM ALIMENTOS CONTAMINADOS. AS HEPATITES TAMBÉM PODEM SER TRANSMITIDAS DE UMA PESSOA PARA OUTRA.

A **FEBRE TIFOIDE** VEM TAMBÉM POR MEIO DE ÁGUA E ALIMENTOS CONTAMINADOS OU CONTATO COM PESSOAS DOENTES.

A **CÓLERA** É CAUSADA PELA ÁGUA E ALIMENTOS CONTAMINADOS.

A **DENGUE** É CAUSADA POR MEIO DA PICADA DA FÊMEA DO MOSQUITO *AEDES AEGYPTI*, QUE FICA EM LOCAIS COM ÁGUA PARADA, ONDE ELA COLOCA SEUS OVOS.

UMA GRANDE AMIGA!

O QUE É, O QUE É?

ADIVINHE SE PUDER! AS PISTAS VÃO AJUDAR!

VOCÊ TEM ALGUM PALPITE? FALE PARA O PROFESSOR ESCREVER NO QUADRO DE GIZ.

ELA PODE PROTEGER BEBÊS, CRIANÇAS, JOVENS E ADULTOS.

AS PRIMEIRAS FORAM DESCOBERTAS HÁ MAIS DE DUZENTOS ANOS.

FICOU DIFÍCIL?

ELA PODE SER UMA GOTINHA OU UMA PICADINHA.

VOCÊ MANTÉM O PALPITE OU ARRISCA OUTRO?

MAIS DICAS...

E, ENTÃO, JÁ SABE O QUE É?

ELA NOS PROTEGE DE MUITAS DOENÇAS CAUSADAS POR VÍRUS E BACTÉRIAS.

ALBERT SABIN TEM MUITO A VER COM ESSA HISTÓRIA.

TEM ATÉ GENTE QUE DIZ...

"A GOTINHA SALVADORA" OU "A PICADINHA SALVADORA".

ISSO MESMO!
A VACINA É UMA GRANDE AMIGA DO SER HUMANO: OFERECE IMUNIZAÇÃO, PROTEGE TANTO CRIANÇAS, ADULTOS, COMO IDOSOS CONTRA DIVERSAS DOENÇAS CAUSADAS POR VÍRUS E BACTÉRIAS.

PRATICANDO

PEÇA A UM FAMILIAR PARA ESCREVER A SEGUIR QUAIS VACINAS VOCÊ JÁ TOMOU E QUAIS AINDA FALTAM TOMAR.

VACINAS QUE JÁ TOMEI

_____
_____
_____
_____
_____
_____

VACINAS QUE FALTAM TOMAR

_____
_____
_____
_____
_____
_____

**LEMBRE!
É MUITO IMPORTANTE ESTAR COM A VACINAÇÃO EM DIA.**

OS ANIMAIS DOMÉSTICOS TAMBÉM DEVEM TOMAR VACINAS. SE VOCÊ POSSUI UM CÃOZINHO OU GATINHO, LEVE-O PARA VACINAR, POIS O PELO, A SALIVA, AS PATAS, AS FEZES E A URINA DE GATOS E CACHORROS ABRIGAM DIVERSOS MICRO-ORGANISMOS CAPAZES DE PROVOCAR DOENÇAS.

PINTE APENAS O QUADRO QUE REPRESENTA UMA SITUAÇÃO DE CUIDADO COM A SAÚDE DO ANIMAL.

 **DISCUTINDO**

PARA SE TER UM ANIMAL QUE SEJA REALMENTE DE ESTIMAÇÃO, É PRECISO, COMO EM TUDO NA VIDA, MUITO CUIDADO. É ESSE CUIDADO QUE PODE AFASTAR O PERIGO DAS DOENÇAS.

Araquém Alcântara.

OBSERVE, NA IMAGEM, UM EXEMPLO DE PERFEITA HARMONIA ENTRE O HOMEM E A NATUREZA!

É UMA CRIANÇA INDÍGENA BRASILEIRA. PARA OS INDÍGENAS, A TERRA EM QUE VIVEM É TUDO.

A RELAÇÃO DOS INDÍGENAS COM A NATUREZA É DIFERENTE DA RELAÇÃO DOS HOMENS BRANCOS COM A NATUREZA.

DESDE PEQUENOS ELES APRENDEM A AMAR, A CUIDAR E A USAR SÓ O QUE NECESSITAM DA TERRA PARA SUA SOBREVIVÊNCIA.

A NATUREZA É SAGRADA PARA OS INDÍGENAS.

QUE AS ATIVIDADES INDÍGENAS SÃO RELACIONADAS, PRINCIPALMENTE, AOS RECURSOS NATURAIS? A CAÇA, A PESCA, A PLANTAÇÃO, A PRODUÇÃO DE INSTRUMENTOS SÃO ALGUMAS DAS PRINCIPAIS ATIVIDADES DESENVOLVIDAS POR ELES.

QUE O TRABALHO É ORGANIZADO POR IDADE E SEXO?

AS CRIANÇAS CUIDAM DA ROÇA.

AS MULHERES DOS AFAZERES DOMÉSTICOS.

OS HOMENS SÃO RESPONSÁVEIS PELA CAÇA, PESCA E COLHEITA DE ALIMENTOS.

BOA PARTE DOS ÍNDIOS UTILIZA A AGRICULTURA PARA A SOBREVIVÊNCIA. ELES CAVAM UM BURACO NO SOLO CORTAM AS ÁRVORES E QUEIMAM. DEPOIS, O SOLO ESTÁ PRONTO PARA O PLANTIO.

Área desmatada para roça de subsistência.
Aldeia Aiwa – Etnia Kalapalo. Parque Indígena do Xingu, Querência, 2009. (MT).

AINDA HOJE MUITOS POVOS INDÍGENAS PRESERVAM A NATUREZA, CULTIVANDO O RIQUÍSSIMO ECOSSISTEMA BRASILEIRO, ELES PLANTAM AINDA MUITAS COISAS QUE SEUS ANTEPASSADOS PLANTAVAM: ALGODÃO, MILHO, FEIJÃO E OUTROS.

APLICANDO OS CONHECIMENTOS

VAMOS COLORIR A IMAGEM QUE MOSTRA O ÍNDIO BRASILEIRO CUIDANDO DO MEIO AMBIENTE EM QUE VIVE.

O ÍNDIO RESPEITA A NATUREZA.
ELE SABE QUE DEPENDE DELA PARA SOBREVIVER.

NA IMAGEM ANTERIOR, VIMOS UMA CRIANÇA INDÍGENA CUIDANDO DA TERRA.

VOCÊ SABIA QUE A CRIANÇA INDÍGENA É CHAMADA DE **CURUMIM**?
ESSA PALAVRA É DE ORIGEM TUPI E DESIGNA, DE MODO GERAL, AS CRIANÇAS INDÍGENAS.

MAURICIO DE SOUSA, QUE ESCREVE HISTÓRIAS PARA CRIANÇAS, CRIOU UM PERSONAGEM CHAMADO **PAPA-CAPIM**.
VOCÊ O CONHECE?

<www.monica.com.br/personag/turma/papa-cap.htm>

ONDE VIVE PAPA-CAPIM?

POR QUE SERÁ QUE ELE RECEBEU ESSE NOME?

QUAL É NOME DO AMIGO DESSE PERSONAGEM?

UM DOS PROBLEMAS QUE PREOCUPA PAPA-CAPIM E SUA TRIBO É O AQUECIMENTO GLOBAL. VOCÊ JÁ OUVIU FALAR SOBRE O AQUECIMENTO DO PLANETA?
O QUE VOCÊ DESCOBRIU?
DESENHE A SEGUIR.

UNIDADE 6 — APRENDENDO A CONVIVER

COMO É BONITO OBSERVARMOS A BOA CONVIVÊNCIA ENTRE COLEGAS, IRMÃOS, VIZINHOS, FAMILIARES!

 **PENSANDO**

VOCÊ JÁ PENSOU COMO É A CONVIVÊNCIA ENTRE AS PESSOAS DA SUA FAMÍLIA?

JÁ OUVIU FALAR: VOCÊ ESTÁ SE COMPORTANDO MAL OU SENDO MAL-EDUCADO? O QUE ISSO SIGNIFICA?

COMO É DIFÍCIL PENSARMOS NO QUE É BOM E NO QUE É MAU.

VAMOS ANALISAR A LETRA DA CANÇÃO A SEGUIR...

É PRECISO SABER VIVER

QUEM ESPERA QUE A VIDA
SEJA FEITA DE ILUSÃO
PODE ATÉ FICAR MALUCO
OU MORRER NA SOLIDÃO
É PRECISO TER CUIDADO
PRA MAIS TARDE NÃO SOFRER
É PRECISO SABER VIVER...

TODA PEDRA NO CAMINHO
VOCÊ DEVE RETIRAR
NUMA FLOR QUE TEM ESPINHOS
VOCÊ PODE SE ARRANHAR
SE O BEM E O MAL EXISTEM
VOCÊ PODE ESCOLHER
É PRECISO SABER VIVER...

É PRECISO SABER VIVER!
É PRECISO SABER VIVER!
É PRECISO SABER VIVER!
SABER VIVER...

TODA PEDRA NO CAMINHO
VOCÊ DEVE RETIRAR
NUMA FLOR QUE TEM ESPINHOS
VOCÊ PODE SE ARRANHAR
SE O BEM E O MAL EXISTEM
VOCÊ PODE ESCOLHER
É PRECISO SABER VIVER...

É PRECISO SABER VIVER!
É PRECISO SABER VIVER!
É PRECISO SABER VIVER!
SABER VIVER! SABER VIVER!

ERASMO CARLOS; ROBERTO CARLOS. É preciso saber viver.
Intérprete: Titãs. In: Titãs. **Volume Dois**. [S.1.]: WEA Music, p1998. 1 CD. Faixa 15.

COPIE A FRASE DESTACADA NA LETRA DA CANÇÃO E, DEPOIS, PENSE EM COISAS BOAS E ESCREVA-AS NOS QUADRINHOS.

ALGUMAS ATITUDES SÃO FUNDAMENTAIS PARA TERMOS UMA BOA CONVIVÊNCIA:

PEDIR LICENÇA

DIZER OBRIGADO

POR FAVOR

NA ESCOLA, A MANEIRA DE FALAR E DIRIGIR-SE AOS PROFESSORES E COLEGAS AJUDA A CONVIVER MELHOR. GRITAR OU FALAR MUITO ALTO PROVOCA IRRITAÇÃO E FAZ OS OUTROS SE SENTIREM DESRESPEITADOS.

É PRECISO ENCONTRAR MANEIRAS DE CONVIVER COM OS AMIGOS, PROFESSORES E OUTRAS PESSOAS DE MODO QUE TODOS SE SINTAM BEM E RESPEITADOS.

APLICANDO OS CONHECIMENTOS

OBSERVE AS DUAS CENAS E DEPOIS CIRCULE A QUE DEMONSTRA MELHOR CONVIVÊNCIA.

QUAL CENA VOCÊ CONSIDEROU DE MELHOR CONVIVÊNCIA? DISCUTA COM SEUS COLEGAS DE SALA. EXISTEM ALGUMAS EXPRESSÕES QUE AJUDAM QUANDO QUEREMOS NOS RELACIONAR BEM COM OUTRAS PESSOAS. UMA DELAS É "POR FAVOR". ENCONTRE OUTRAS E COMPLETE OS BALÕES.

NO TRÂNSITO, O RESPEITO PELA **SINALIZAÇÃO** É UMA AÇÃO INDISPENSÁVEL PARA A CONVIVÊNCIA QUE SE ESTABELECE ENTRE AS VIAS, OS VEÍCULOS E OS HOMENS.

ALGUMAS AÇÕES SÃO FUNDAMENTAIS PARA QUE POSSAMOS CONVIVER CORRETAMENTE COM O TRÂNSITO NAS CIDADES. SÃO ELAS:

ANDAR SEMPRE LONGE DO MEIO-FIO.

NÃO BRINCAR PERTO DO TRÂNSITO DE VEÍCULOS.

ATRAVESSAR AS RUAS SEMPRE NA FAIXA DE SEGURANÇA.

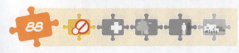

AMPLIANDO CONHECIMENTOS

PINTE DE VERDE OS QUADROS COM AS ATITUDES CORRETAS E DE VERMELHO AS PERIGOSAS.

AJUDO IDOSOS E DEFICIENTES A ATRAVESSAR AS RUAS.

ANDO SEMPRE PELO MEIO-FIO.

ATRAVESSO A RUA FORA DA FAIXA DE PEDESTRES.

JOGO BOLA NA CALÇADA.

USO CINTO DE SEGURANÇA.

ANDO COM A CABEÇA PARA FORA DO AUTOMÓVEL.

OBSERVO O SEMÁFORO DE PEDESTRES ANTES DE ATRAVESSAR A RUA.

ATRAVESSO CORRENDO A VIA PÚBLICA.

A CONVIVÊNCIA EM FAMÍLIA
TODOS NÓS DEVEMOS SEMPRE PROCURAR MANTER UMA RELAÇÃO DE AMIZADE E RESPEITO COM TODAS AS PESSOAS DA NOSSA FAMÍLIA.

SÃO IMPORTANTES AS REUNIÕES FAMILIARES PARA TODOS SE ENCONTRAREM, CONVERSAREM E SE DIVERTIREM DE FORMA AGRADÁVEL. OBSERVE UMA CENA DE REUNIÃO FAMILIAR.

VOCÊ COMEMORA SEU ANIVERSÁRIO? DE QUE MANEIRA? EM CASA? NA ESCOLA COM OS COLEGAS? REGISTRE EM FORMA DE DESENHO COMO FOI SEU ÚLTIMO ANIVERSÁRIO.

GOSTO MUITO DE VISITAR A CASA DOS MEUS AVÓS, BISAVÓS, DO MEUS TIOS E PRIMOS. É IMPORTANTE MANTERMOS ESSES HÁBITOS DE CONVIVÊNCIA, POIS TORNAM AS PESSOAS MAIS UNIDAS, MAIS AMIGAS UMAS DAS OUTRAS.

APLICANDO OS CONHECIMENTOS

PEÇA AOS SEUS PAIS UMA FOTO DE SUA FAMÍLIA REUNIDA E COLE AQUI NO SEU LIVRO. PODE SER UMA CÓPIA OU UM DESENHO TAMBÉM.
O IMPORTANTE É REGISTRAR!

NÃO SE ESQUEÇA DE ESCREVER UMA FRASE SOBRE A SUA VIDA EM FAMÍLIA.

NESTE LIVRO APRENDI MUITAS COISAS IMPORTANTES! REGISTREI MUITAS OBSERVAÇÕES SOBRE DIFERENTES PESSOAS, SOBRE MEIO AMBIENTE, SOBRE CIDADANIA, TRÂNSITO E QUESTÕES IMPORTANTES DE SAÚDE E HIGIENE. PENSEI BASTANTE E, QUANDO PENSO, APRENDO A FILOSOFAR SOBRE AS COISAS DO DIA A DIA.

REGISTRE, NESSA ÚLTIMA PÁGINA, O QUE DE MAIS IMPORTANTE VOCÊ PENSOU SOBRE O NOSSO TRABALHO.